Nelson Mandela, youth
(Doll A)

PLATE 1

Nelson Mandela, college
(Doll B)

PLATE 2

C

Evelyn (Ntoko Mase) Mandela
(Doll C)

PLATE 3

Nelson Mandela, late 1950s
(Doll D)

Winnie (Madikizela) Mandela,
late 1950s
(Doll E)

PLATE 4

D

E

Plate 5

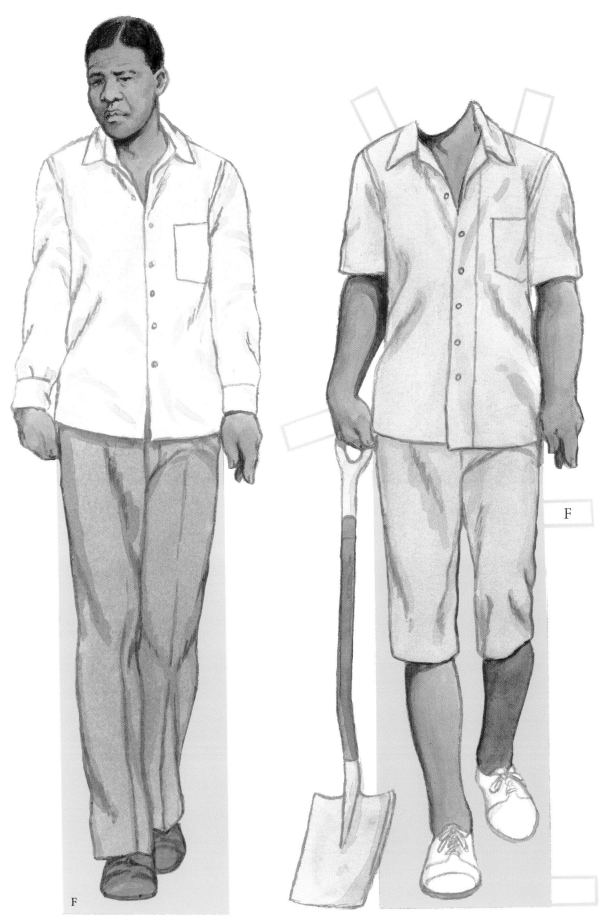

Nelson Mandela, 1960s
(Doll F)

PLATE 6

Nelson Mandela, early 1990s
(Doll G)

Winnie (Madikizela) Mandela,
early 1990s
(Doll H)

PLATE 7

G

H

H

PLATE 8

PLATE 9

Nelson Mandela, mid 1990s
(Doll I)

PLATE 10

Nelson Mandela, late 1990s
(Doll J)

PLATE 11

Graça Machel Mandela
(Doll K)

PLATE 12

PLATE 13

PLATE 14

J

K

K

PLATE 15

PLATE 16